THIS BOOK
BELONGS TO:

____

____

____

Hello my friend
Let's start with
the coloring

You are special
my friend
Let's move on to
DOT TO DOT

1
2
3
4
5
6
7
8
9
10
11
12
13
14
15
16
17
18
19
20
21
22
23
24
25

1
2
3
4
5
8
7
6

you are very
smart
Let's move
on to drawing

A B C D E F
1
2
3
4
5
6
7

YOUR TURN!

	A	B	C	D	E	F
1						
2						
3						
4						
5						
6						
7						

A B C D E F
1
2
3
4
5
6
7

YOUR TURN!

	A	B	C	D	E	F
1						
2						
3						
4						
5						
6						
7						

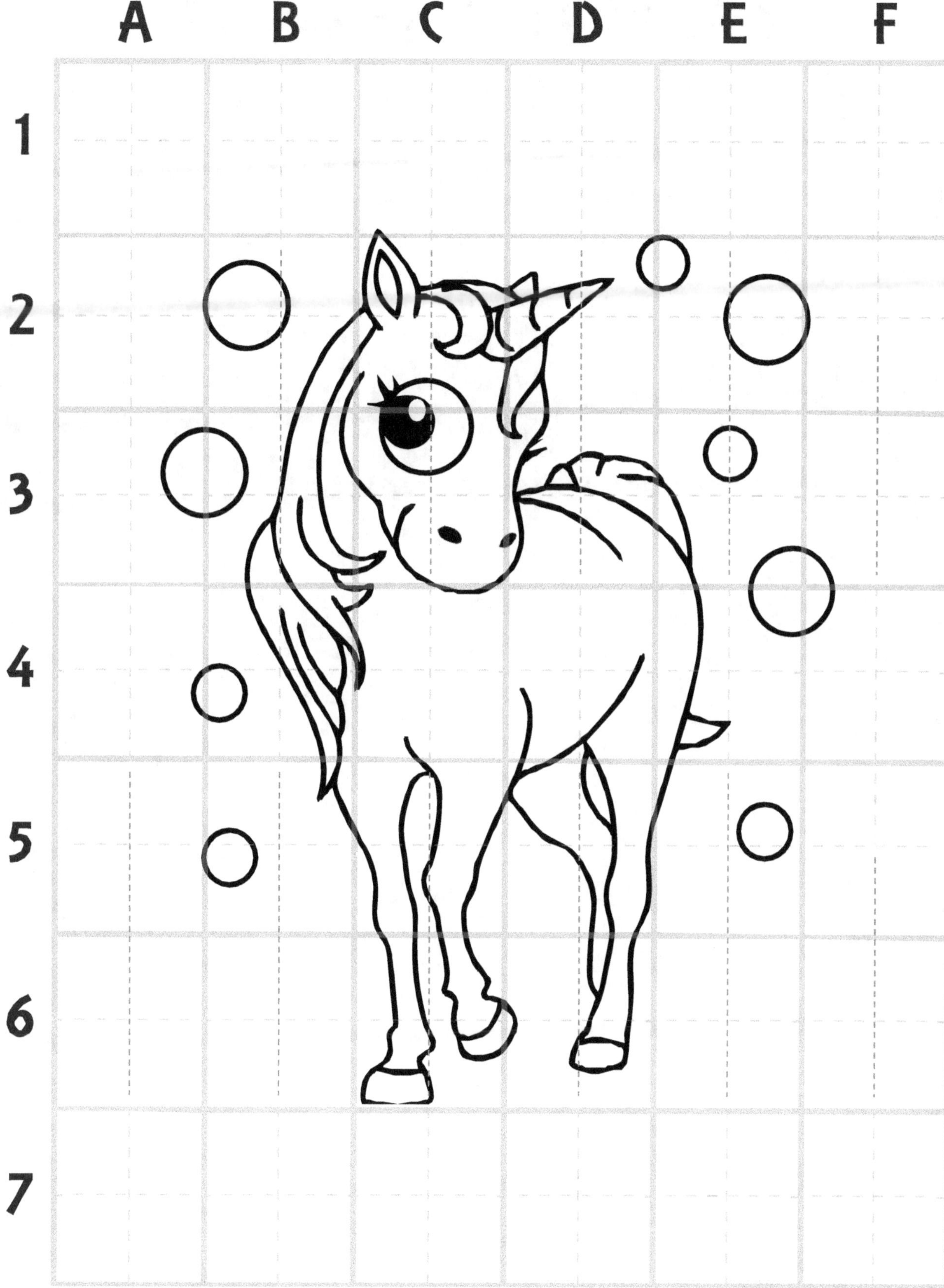

A B C D E F
1
2
3
4
5
6
7

YOUR TURN!

	A	B	C	D	E	F
1						
2						
3						
4						
5						
6						
7						

A B C D E F
1
2
3
4
5
6
7

YOUR TURN!

	A	B	C	D	E	F
1						
2						
3						
4						
5						
6						
7						

A   B   C   D   E   F
1
2
3
4
5
6
7

YOUR TURN!

	A	B	C	D	E	F
1						
2						
3						
4						
5						
6						
7						

A B C D E F
1
2
3
4
5
6
7

YOUR TURN!

	A	B	C	D	E	F
1						
2						
3						
4						
5						
6						
7						

A B C D E F
1
2
3
4
5
6
7

YOUR TURN!

	A	B	C	D	E	F
1						
2						
3						
4						
5						
6						
7						

YOUR TURN!

	A	B	C	D	E	F
1						
2						
3						
4						
5						
6						
7						

YOUR TURN!

	A	B	C	D	E	F
1						
2						
3						
4						
5						
6						
7						

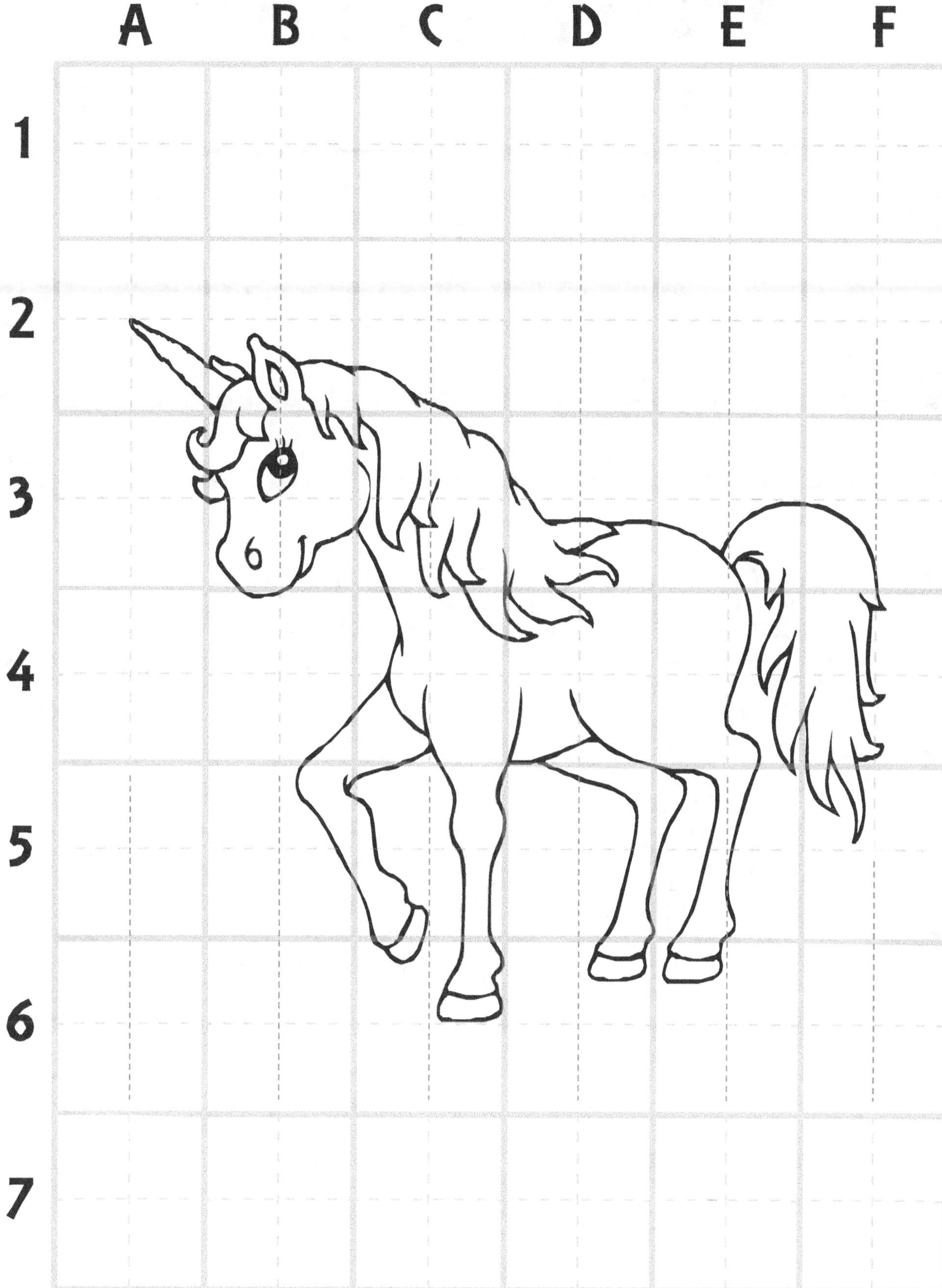

A B C D E F
1
2
3
4
5
6
7

YOUR TURN!

	A	B	C	D	E	F
1						
2						
3						
4						
5						
6						
7						

YOUR TURN!

	A	B	C	D	E	F
1						
2						
3						
4						
5						
6						
7						

A B C D E F
1
2
3
4
5
6
7

YOUR TURN!

	A	B	C	D	E	F
1						
2						
3						
4						
5						
6						
7						

A B C D E F
1
2
3
4
5
6
7

YOUR TURN!

	A	B	C	D	E	F
1						
2						
3						
4						
5						
6						
7						

A   B   C   D   E   F
1
2
3
4
5
6
7

YOUR TURN!

	A	B	C	D	E	F
1						
2						
3						
4						
5						
6						
7						

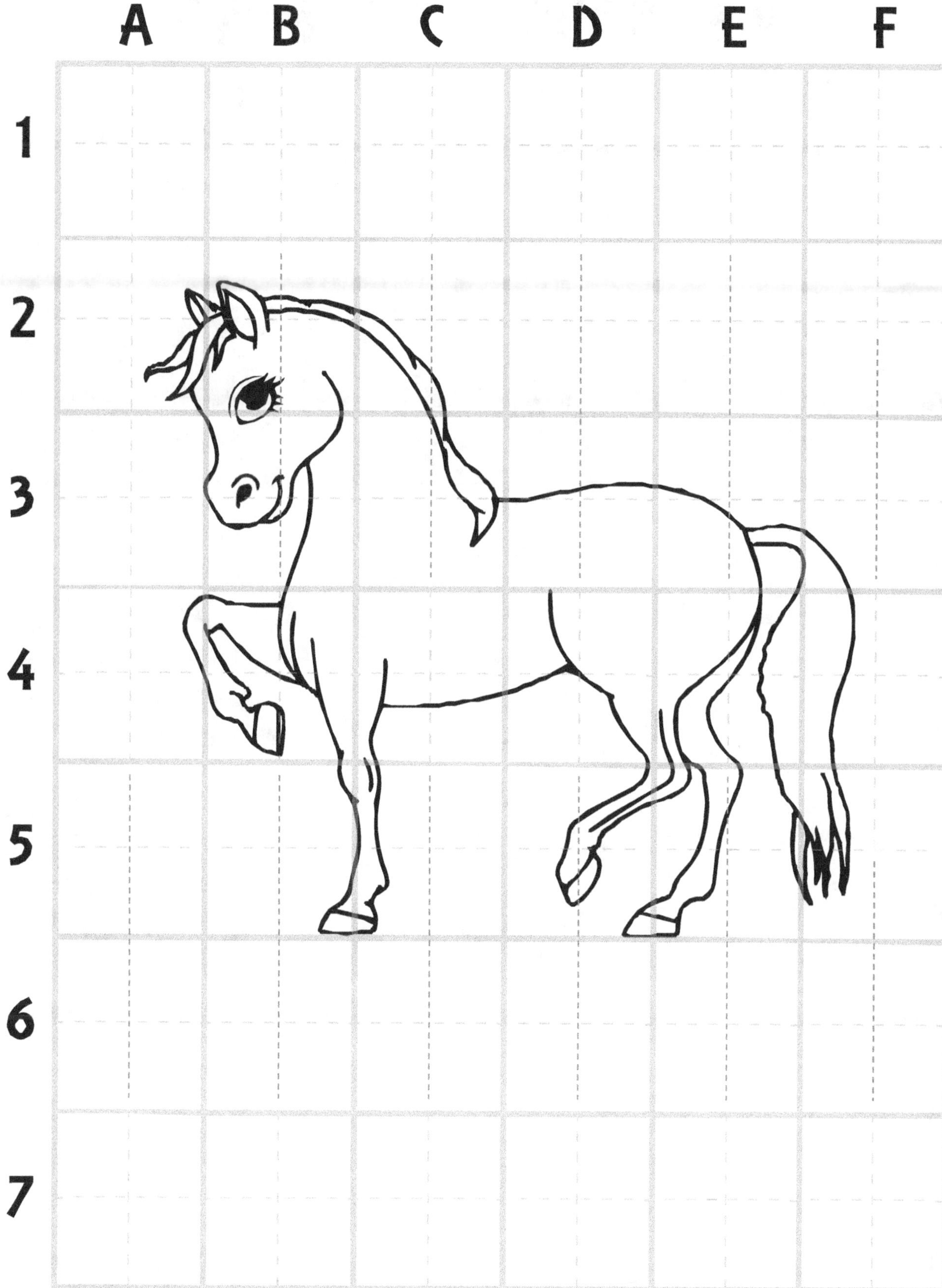

A B C D E F
1
2
3
4
5
6
7

YOUR TURN!

	A	B	C	D	E	F
1						
2						
3						
4						
5						
6						
7						

A B C D E F
1
2
3
4
5
6
7

YOUR TURN!

	A	B	C	D	E	F
1						
2						
3						
4						
5						
6						
7						

YOUR TURN!

	A	B	C	D	E	F
1						
2						
3						
4						
5						
6						
7						

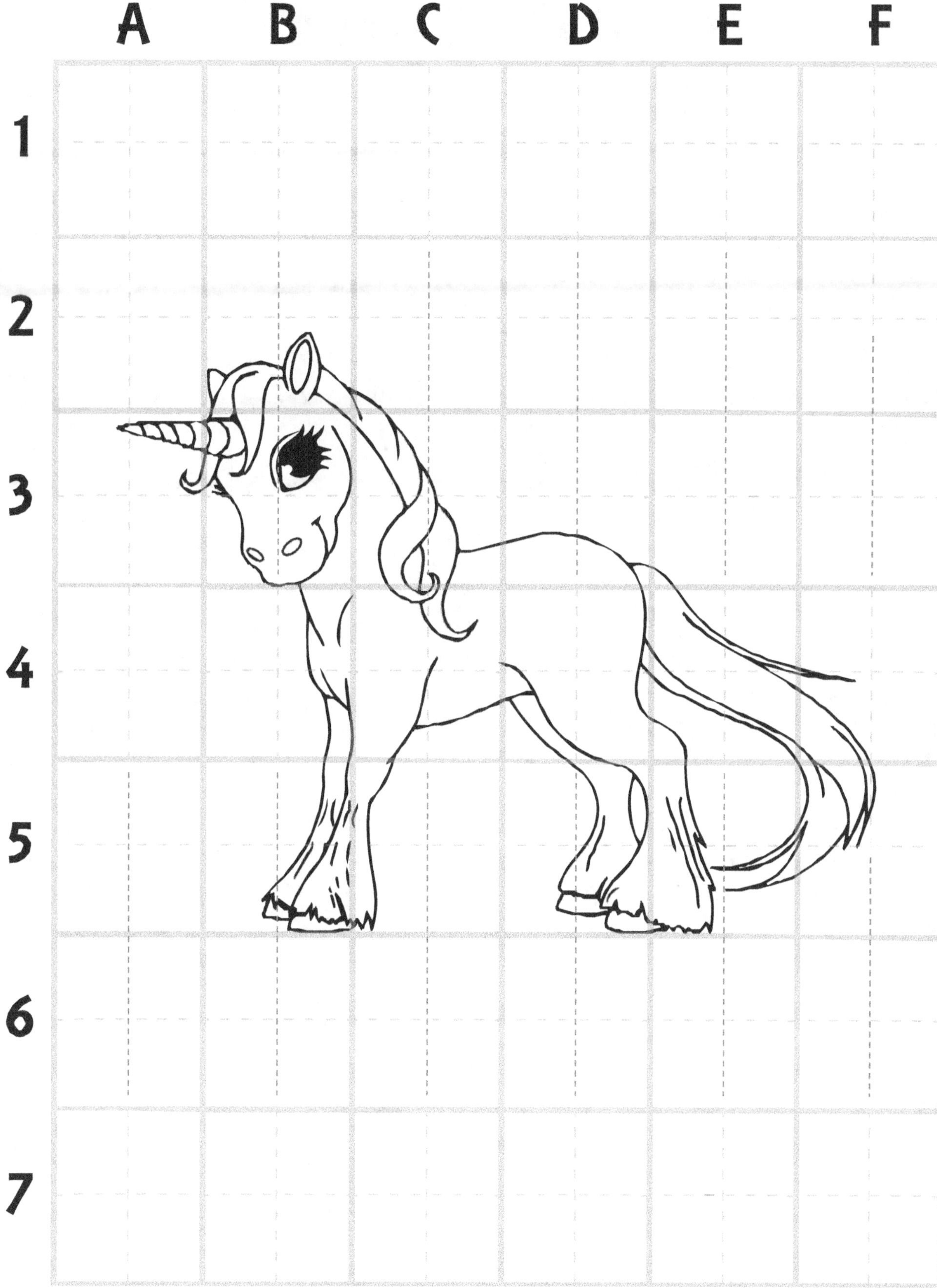

YOUR TURN!

	A	B	C	D	E	F
1						
2						
3						
4						
5						
6						
7						

A B C D E F
1
2
3
4
5
6
7

YOUR TURN!

	A	B	C	D	E	F
1						
2						
3						
4						
5						
6						
7						

A B C D E F
1
2
3
4
5
6
7

YOUR TURN!

	A	B	C	D	E	F
1						
2						
3						
4						
5						
6						
7						

A   B   C   D   E   F
1
2
3
4
5
6
7

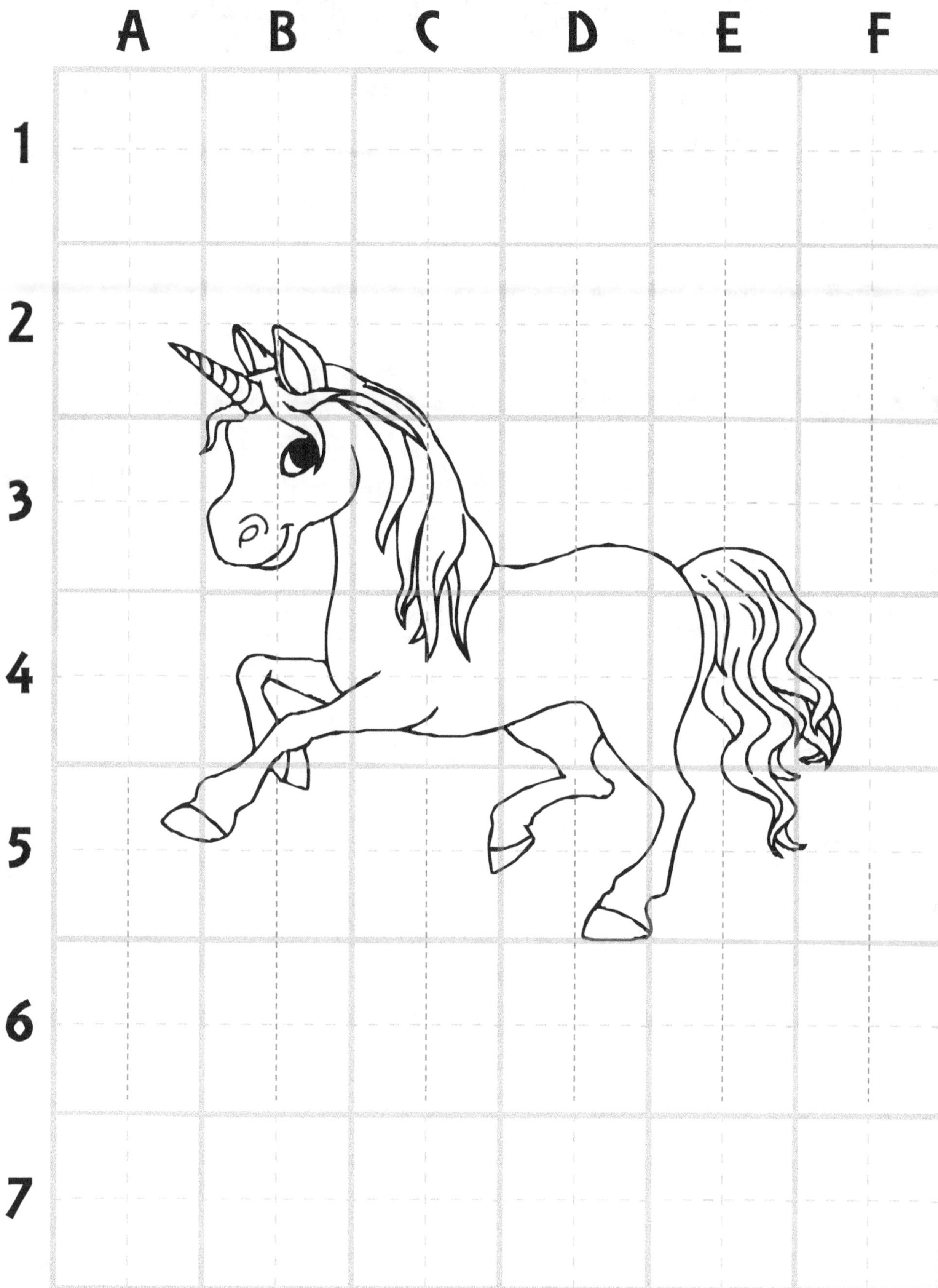

YOUR TURN!

	A	B	C	D	E	F
1						
2						
3						
4						
5						
6						
7						

A B C D E F
1
2
3
4
5
6
7

YOUR TURN!

	A	B	C	D	E	F
1						
2						
3						
4						
5						
6						
7						

A   B   C   D   E   F
1
2
3
4
5
6
7

YOUR TURN!

	A	B	C	D	E	F
1						
2						
3						
4						
5						
6						
7						

A B C D E F
1
2
3
4
5
6
7

YOUR TURN!

	A	B	C	D	E	F
1						
2						
3						
4						
5						
6						
7						

A B C D E F
1
2
3
4
5
6
7

YOUR TURN!

	A	B	C	D	E	F
1						
2						
3						
4						
5						
6						
7						

YOUR TURN!

	A	B	C	D	E	F
1						
2						
3						
4						
5						
6						
7						

YOUR TURN!

	A	B	C	D	E	F
1						
2						
3						
4						
5						
6						
7						

A B C D E F
1
2
3
4
5
6
7

YOUR TURN!

	A	B	C	D	E	F
1						
2						
3						
4						
5						
6						
7						

A B C D E F
1
2
3
4
5
6
7

YOUR TURN!

	A	B	C	D	E	F
1						
2						
3						
4						
5						
6						
7						

A B C D E F
1
2
3
4
5
6
7

YOUR TURN!

	A	B	C	D	E	F
1						
2						
3						
4						
5						
6						
7						